[illegible]

Sinta-se amada...

o ano, 28.12.05

Paulo

Na esperança de que ouça um dia o mesmo grito que ouvi
[e em que julguei reconhecer minha fala
Para que eu possa mostrar ao meu miserável pássaro,
[satélite da minha passada descrença e
[impostura
A grande procelária branca que vive agora em mim e cujas
[asas enormes se estendem por todos os
[horizontes
E que olhando o céu noturno canta com voz de rouxinol
[baladas perdidas de comoção e de ternura
Os belos seios embebidos no mar que se alimenta deles e
[que cresce, cresce, cresce, pelo meu sexo, pelo
[meu peito, pelos meus olhos...

8/6/1935

FUGA E ADÁGIO

Vou sair correndo desta cidade em busca de um lugar
[qualquer onde possa escrever o poema da
[minha desgraça
Vou, porque já é demais para mim o espetáculo incessante
[da simulação e inexpressão das almas
Vou sair correndo, correndo... correndo pelas avenidas,
[pelas ruas, através os homens vestidos e as
[mulheres nuas
E os edifícios... vou sair, fugindo, fugindo dos olhares
[estéreis dos edifícios, correndo pelas ruas
[como um ladrão que se sentisse perseguido
Vou sair, vou movimentar toda essa gente fazendo com que
[me olhem, vou parar os carros fazendo com
[que não me matem, vou
Porque não posso mais desse irremediável — vou — tão
[maior e tão mais fraco do que eu mesmo, que
[me leva e me deixa gravado em todas as faces
[da vida...

8/6/1935

* * *

Minha cabeça pesada balança, rola, e sai vagando pela casa
[como um astro penado
E a sinto examinando os velhos quadros familiares com um
[olhar que eu desconheço na sua fisionomia
Aqui, longe de tudo, meus dedos palpam o poema imenso
[das vozes da noite — eu o recolherei, talvez
[na madrugada do último dia
Agora é o cansaço sem remédio dos tempos sobre-humanos,
[das caravanas miraculosas, das religiões
[perdidas...
O ar está passando sobre meu tronco decepado e em breve
[passará sobre o meu pescoço como um plano
[de cristal iluminado
E se repousará da longa viagem dos espaços e ressoará para
[mim as harmonias dos coros angelicais
É voltado o tempo da imobilidade — nenhum movimento
[será feito para que nenhum acento seja
[perdido
As pastoras e os camponeses, os cafres e os negros, as
[bailarinas e os gênios deixarão a alma da
[dança estendida sobre a lucidez do grande
[campo
E algum dia, quando eu despertar, tudo será belo e nada
[haverá de mais profundo na minha poesia que
[a minha poesia ela mesma em sua nudez
[maravilhosa.

O PASSADO

* * *

A infância é uma gaveta fechada, numa antiga cômoda de velhas magias

A regra pode-se enunciar assim: espera-se que a avó entre para descansar, depois vai-se pé ante pé ver se o avô está mesmo cochilando, na cadeira de balanço...

— ou estará MORTO?

...não, não está porque a cabeça des-ca-ca-c...aiu num cochilo e se levantou de novo sozinho, assustado, dormindo e saiu uma língua da boca que lambeu o bigode branco e a cabeça foi, foi e des-ca-ca-ca-ca-caiu...

O corredor é a corrida geométrica natural para a fuga de uma gargalhada que não se contém. O avô é o mais engraçado dos homens, o avô é tão, tão, tão, tão, tão...

O medo se abate sobre o Descobridor. É a doçura do nome de Margarida, cujo retrato à meia-luz não entreviu.

OS BENS IMÓVEIS

Sua ausência... a asa
Roça-me, do pranto...
Por ela, em meu canto
Chorei tanto, tanto...
— Não é mesmo, Casa?

Que inútil tristeza
A vida sem ela...
Lembra que beleza
Vê-la entrar na sala...
— Não é mesmo, Mesa?

E o tédio, o descaso
Sempre que ela parte...
E as rosas, e os cravos
Dispostos com arte...
— Não é mesmo, Vaso?

Não, que esta seja
A vez derradeira...
Ela é ou não é
Minha companheira?...
— Não é mesmo, Cadeira?

Porque ela me ama
E eu a amo muito...
E gente que se ama
Tem que dormir junto...
— Não é mesmo, Cama?

Montevidéu, 1959

* * *

Ao sono que vence-o
Quando a noite cai
Num canto da sala
Dormindo em silêncio
Repousa meu pai
E eu me deixo a vê-lo
Sossegado, até
Quando minha mãe
E as duas meninas
Saem pé ante pé
Soltando o cabelo
Cerrando as cortinas.

* * *

Meu pai, dá-me os teus velhos sapatos manchados de terra
Dá-me o teu antigo paletó sujo de ventos e de chuvas
Dá-me o imemorial chapéu com que cobrias a tua paciência
E os misteriosos papéis em que teus versos inscreveste.

Meu pai, dá-me a tua pequena chave das grandes portas
Dá-me a tua lamparina de rolha, estranha bailarina das
[insônias
Meu pai, dá-me os teus velhos sapatos.

O ELEITO

Quando eu era menor na grande moradia
De minha avó materna e de meu pobre avô
Muitas vezes senti, como alguém que sonhou
Pesar sobre meu corpo o olhar da minha tia

Miserável, na frente mesmo dos avós
Que, velhos, sem amor, conversavam comigo
Deixava-me molhar de um riso de mendigo
Tremendo à comoção de uma volúpia atroz.

Na penumbra da sala lívida, amarela
Que te viu, minha mãe, antes de mãe, ser filha
Faminto como um cão no cio, sem família
Tocava sob a mesa a perna quente dela.

Ficava assim, as mãos geladas, os pés úmidos
Sem forças para olhar aquela mulher feia
Que tinha pêlos oleosos sob a meia
E esmagava na blusa os belos seios túmidos.

A náusea de mim mesmo abria-me a garganta
Tão forte quanto o mal que me engrossava o sangue
E era como se eu fosse alguma coisa exangue
E como se ela fosse alguma coisa santa.

Meus sonhos de beleza e meus votos de ideal
Debandavam como asas tristes e malferidas
Meu sonho era beijar as nádegas partidas
Ao desvendar o nu daquele ser fatal.

Com mãos fantásticas eu via-me, anjo impuro
Ereto na treva, o ventre despido a meio
Feroz, a mastigar-lhe a carne azul do seio
Sentindo-me ferir no seu corpete duro.

Por fim, sem poder mais, contendo à toa o hausto
Do gozo, corria a chorar para o banheiro
Onde, entre vômitos, o olfato aberto ao cheiro
Acre, masturbava-me até ficar exausto.

Quem jamais poderá dizer o medo louco
O indizível pavor de voltar que me vinha
De transpor a porta, olhar minha avó velhinha
E meu finado avô, que adormecera um pouco.

E entretanto, cheio de angústia, delicado
De angústia, voltava, abria de manso a porta
Incapaz de ferir aquela paz já morta
Com a mais leve emoção de me sentir culpado.

Pobre criança! que Deus implacável fizera
Que perdesse tão cedo as ilusões mais belas
Tu que devias ir viajando entre as estrelas
A cantar e a correr tonto de primavera?!

Itatiaia, outubro de 1937

PAISAGEM

De seres que se movem entre teus braços
Teus olhos têm visões de outros espaços
Passados e futuros.

*

Esta é a cidade em que te vi passando
Esta é a cidade que me viu sofrendo
Esta é a cidade que trilhei fugindo
Metrópole fatal, hosana! hosana!
Esta é Copacabana, ampla laguna
Curva e horizonte, arco de amor vibrando
Suas setas de luz contra o infinito.
Aqui meus olhos desnudaram estrelas
Aqui meus braços discursaram à Lua
Desabrochavam tigres dos meus passos
E as sereias por mim se consumiam.
Copacabana! praia de memórias
Quantos êxtases, quantas madrugadas
Em teu colo marítimo! esta é a areia
Que tanto enlamacei com minhas lágrimas
Aquele é o bar que freqüentei. Vês tu
Aquele escuro ali? É um monumento
Cone de sombra erguido pela noite
Para marcar por toda a eternidade
O local onde, um dia, fui perjuro
Ao teu amor. Ali beijei-te ansiado
Como se a vida fosse terminar
Naquele louco embate. Ali cantei
Ali menti, ali me silenciei
Para gozo da aurora pervertida.
Sobre o banco de pedra que ali está
Nasceu uma poesia. Ali jurei
Um dia me matar. Ali fui mártir
Fui covarde, fui bárbaro, fui santo.

PRESSENTIMENTO

Deixa dormir na tua porta o sono, poeta apascentado pela Lua
Seus seios bebem teu sangue para alimentar os anjos
Ouve as flores, sente como as suas minúsculas tetas de
[perfume
Palpitam cheias de vinho para as pequeninas ovelhas do céu
Fica em calma, enche teus olhos do verde negror da noite
E quando muito recita um pouco de poesia à toa para as'
[estrelas
Porque nada tens a fazer, nada! e os passarinhos continuam
[soltos por aí...

* * *

Um dia, como estivesse parado à borda de uma montanha
[ao Sol poente
Apascentando a sua poesia diante dos trigais e contemplando
[as cidades douradas
Viu o Príncipe-Poeta a minha sombra precipitada nos
[abismos ir escurecendo uma extensão de
[léguas e léguas de terra.
Havia em torno a mim uma grande humildade, de rebanhos
[e de sopros de flautas
E uma grande paz futura como se tudo não fosse senão a
[eterna espera de uma eterna vinda se
[desdobrando
Subitamente o Príncipe viu a sua sombra que obedecia ao
[seu corpo que obedecia ao seu pensamento ali
[estava desde o começo dos tempos o
[espetáculo das eras.

As águas não se repetem, ele pensava, mas elas voltam para
[os mesmos leitos desfeitos em chuva
E refazem o mesmo caminho da terra para as fontes das
[fontes para os rios dos rios para o mar do mar
[para o sol
Ora cantantes, límpidas, serenas, ora estagnadas,
[tempestuosas, negras, trágicas, segundo a
[sabedoria dos instantes do curso
Até novamente subirem ao astro sedento onde viveram o seu
[paraíso efêmero para caírem novamente em
[gotas de chuva.

* * *

A torre escura tem melenas
Negras como um sexo à luz
Santa; mariâmada!... Cenas
    Do meu amémjesus!

A torre gótica tem olhos
Que me flecham fixos de fé
Versos, venerandos... broglios
    Do meu parcedomine!

À meia-noite canta um sino
Alongo, alento, dormi-vos
Perversidade e latrocínio
    Do meu peromnibus!

Mas ninguém diz-me: Surgetambula
Ao meu decesso extemporário
E ao ermo vaga a alma sonâmbula
    Em muito rumo vazio.

VERSOS SOLTOS DO MAR

1

O ritmo, mar, o ritmo, o verso, o verso!

2

Dá ao meu verso, mar, a ligeireza,
a graça de teu ritmo renovado.

3

Eu sou, mar, tu bem sabes, teu discípulo.
Que nunca digas, mar, que não foste meu mestre!

4

Cantam em mim, ó mestre mar, metendo-se
pelos largos canais que há nos meus ossos,
das tuas que são como ondas mestras,
que a ti voltam de novo num unido,
só e mesclado mar de minha boca
Gil Vicente, Machado, [....]
Baudelaire, Juan Ramon, Rubén Darío,
Pedro Espinosa, Góngora... e as fontes
que em minha aldeia cantam pelas praças.

5

Sento-me, mar, a ouvir-te
Te sentarias tu, mar, para escutar-me?

6

Tens a vaidade, o desmedido orgulho
de saber que meus versos são sempre em teu louvor.

7

Vais largando, praia, terra que te susteve.

8

Nada em teu coração, nada em teu ventre.

9

Equivocado, o mar solta uma andorinha.

10

Rompe o mar tamarindos pela espuma.

11

Guano marinheiro: "venta" de humilde mar "varado".
"Venta" de pobres ventos,
de modestos crepúsculos,
de albas arruinadas.

12

Preamar silencioso de meus mortos.
Ellos, quizás, los que os están limando,
Eles, talvez, os que vos vão limando
ruivas rochas distantes.

13

Se te escutasses, mar, se tua linguagem
pudesse, mar, ser outra,
que palavras dirias?

14

De qualquer modo, mar, soas o mesmo
e continuas parecendo com teu velho retrato.

15

Mar; às vezes, sentado não se sabe em que assento.

16

Vê-se que, mesmo querendo,
mar forçudo, não podes.

17

Aqui jaz o mar. Nem ele mesmo
soube jamais o número de ondas
que desfez o seu sonho.

18

Aqui jaz o mar. Gostaria
de ter sido marinheiro, desde menino.

19

Aqui jaz o mar. Ninguém teve,
como ele, um caixão
pregado com estrelas.

20

Aqui jaz o mar. A morte
sentada ereta, na praia, a contemplá-lo.

21

Aqui jaz o mar. Devesse
jazer também o céu sobre seu túmulo.

22

O mar morreu. Não tinha
para o amor mais força que a de um menino.

23

Quem seria, mar, capaz de escrever-te o epitáfio?

24

Quero, mar, que em meu dia,
que resta, hoje mesmo
morras tu também.

25

Cada manhã e o mar fecha os dentes.

26

Hoje, mar, amanheceste com mais meninos que ondas.

27

Sim, mar, eu sei, tu és para mim a outra margem.

28

Mas me disseste, mar, mar
mar do colégio, mar dos telhados
que outras praias tuas, tão distantes,
ia eu chorar, sedado, mar, por ti,
mar do colégio, mar dos telhados.

29

Decerto te botei, mar guri, em minha frente
e ali foste crescendo em ondulagem
até que te fizeste mulher
e homem ao mesmo tempo.

30

Menino, eu queria patinar em tuas ondas,
mar do Sul, impossível ao coração de gelo.

31

Menino mar, não sabes?
ele te pintava sempre a aquarela.

32

Sábado o mar solta um cavalo branco...
e deixaste dormindo.

33

És de súbito, igual a uma criada
velha, gruñona e doce, que tinha minha mãe.

34

A areia, quente
Geladas as ondas.
Os que morreram
Maruja, vão te chamar.

35

Ferozes leões.
Furiosos cavalos.
Mas se são de espuma
Quem pode domá-los?

36

Inclinei-me para ver o mar. E vi apenas
uma mulher chorando
contra o quarto minguante de uma lua crescente.

37

Mar, andei à tua procura
esse imortal sorriso...
porém não o encontrei.

38

Rico, até mesmo sem ver, de suspiros mortos.

39

Saíste de ti mesmo, levando contigo a praia...
mas te horrorizaste de ti mesmo, e voltaste.

40

Que estás pensando, mar dos veranistas?

41

Tu gostarias, mar, de andar de bicicleta,
dar um grande passeio pelas namblas
alugar uma barraca verde
e "cumbar-te" na praia
como um mar qualquer
descansando do banho?

ODE A MAIO

Maio dançarino! abre tuas asas diáfanas
Sobre as corolas nascituras; limpa os céus
De azul; aclara e alegra as águas do mundo
Jovem, doce Maio! enxota as frutas
Com teu bafo de cristal; amadurece-as
Com teu Sol outonal e vem aos vales dançar
Entre as adolescências da campina...
Maio
Maio em flor! quem te criará para mim
Em flor?

A PONTE DE VAN GOGH

O lugar não importa: pode ser o Japão, a Holanda, a
[campina inglesa.
Mas é absolutamente preciso que seja domingo.

O azul do céu ecoa na esmeralda do rio
E o rio reflete docemente as margens de relva verde-laranja
Dir-se-ia que da mansão da esquerda voou o lençol virginal
[de miss
Para ser no céu sem mancha a única nuvem.
A calma é velha, de uma velhice sem pátina
As cores são simples, ingênuas
A estação é feliz: o guarda da ponte chegou a pintar
De listas vermelhas o teto de sua casinhola.
E, meu Deus, se não fossem esses diabinhos de pinheiros a
[fazer caretas
E a pressa com que o homem da charrete vai:
— A pressa de quem atravessou um vago perigo
Tudo estivesse perfeito, e não me viesse esse medo tolo de
[a pequena ponte levadiça
Desabe e se molhe o vestido preto de Cristina Georgina
[Rosseti
Que vai de umbrela especialmente para ouvir a prédica do
[novo pastor da vila.

Itatiaia, setembro de 1937

A BERLIM

Vós os vereis surgir da aurora mansa
Firmes na marcha e uníssonos no brado
Os heróicos demônios da vingança
Que vos perseguem desde Stalingrado.

As mãos queimadas do fuzil candente
As vestes podres de granizo e lama
Vós os vereis surgir subitamente
Aos heróicos prosélitos do Drama.

De início mancha tateante e informe
Crescendo às sombras da manhã exangue
Logo o vereis se erguer, o Russo enorme
Sob um sol rubro como um punho em sangue.

E ao seu avanço há de ruir a Porta
De Brandemburgo, e hão de calar-se os cães
E então hás de escutar, Cidade Morta
O silêncio das vozes alemãs.

Rio, 3/2/1945
às vésperas da queda de Berlim

AMOR

EU NASCI MARCADO PELA PAIXÃO

Eu nasci marcado pela Paixão, Pedro, meu filho...
E porque por ela nasci marcado, a ela me entreguei sem
[remissão desde menino, e o primeiro gesto
[que fiz foi buscar um seio de Mulher...

A PERDIDA ESPERANÇA

De posse deste amor que é, no entanto, impossível
Este amor esperado e antigo como as pedras
Eu encouraçarei o meu corpo impassível
E à minha volta erguerei um alto muro de pedras.

E enquanto perdurar tua ausência, que é eterna
Por isso que és mulher, mesmo sendo só minha
Eu viverei trancado em mim como no inferno
Queimando minha carne até sua própria cinza.

Mas permanecerei imutável e austero
Certo de que, de amor, sei o que ninguém soube
Como uma estátua prisioneira de um castelo
A mirar sempre além do tempo que lhe coube.

E isento ficarei das antigas amadas
Que, pela Lua cheia, em rápidas sortidas
Ainda vêm me atirar flechas envenenadas
Para depois beber-me o sangue das feridas.

E assim serei intacto, e assim serei tranqüilo
E assim não sofrerei da angústia de revê-las
Quando, tristes e fiéis como lobas no cio
Se puserem a rondar meu castelo de estrelas.

E muito crescerei em alta melancolia
Todo o canto meu, como o de Orfeu pregresso
Será tão claro, de uma tão simples poesia
Que há de pacificar as feras do deserto.

Farto de saber ler, saberei ver nos astros
A brilharem no azul da abóbada no Oriente
E beijarei a terra, a caminhar de rastros
Quando a Lua no céu contar teu rosto ausente.

Eu te protegerei contra o Íncubo
Que te espreita por trás da Aurora acorrentada
E contra a legião dos monstros do Poente
Que te querem matar, ó impossível amada!

Paris, 1957

* * *

Todas as namoradas que eu já tive
Estão noivas
Uma só dentre todas não está noiva
Casou-se.
Nenhuma se lembra mais de mim
As que tiveram meus beijos evitam meus olhos
As que tiveram minha afeição riem mal de mim
E beijam furtivamente os noivos nos cinemas e nas praias
Todas têm meus sonetos de amor
Com promessas ardentes de constância e fidelidade
Todas têm meu retrato
O retrato do menino risonho que eu já fui
Com todas eu gastei algumas horas do dia
E algumas horas da noite
Todas estão noivíssimas
E são apenas meninas sem juízo fazendo o que querem
Dando aos namorados anteriores a satisfação social do
[noivado
E exibindo o noivo bonito aos olhos das moças sem
[namorado.

Algumas eu estimei sinceramente
Sem grandes palavras mas com olhares francos
Olhares que eu estudava nos bondes com outras
Para fazê-los ainda mais verdadeiros
Com outras me diverti
Passeando horas e horas braço com braço
Com palavras grandes e pequenos olhares
A todas eu feri inconscientemente
As que eu beijei e as que eu não beijei

As que eu beijei porque um dia não quis beijar
As que eu não beijei porque um dia quis beijar.

Vi-as fugirem todas de mim
E me vi fugindo de todas elas
Vejo-as agora aqui e ali ontem e hoje
A casada, com um filho
As noivas, com brilhos maternais nos olhos
Futuros infelizes para o mundo
Vejo-me por momentos pai de família comprando
[brinquedos
E a satisfação de estar só é tão grande
Que no fundo eu estimo sinceramente todas essas meninas
Que estão noivas e serão muito felizes
E a que está casada e não é feliz mas faz que é

E me estimo mais, ainda, a mim próprio

Que estou só, feliz e só, com os meus amigos e com a minha
[boemia discreta.

* * *

Uiaras, na montanha, ao sol, sob a cascata
Rutilante, movendo as nádegas de prata
Na farta esmeralda do limo, em gelatina
Nuas, verdes, nas grandes pedras, na água fina
— Povo claro de mãos, de torsos e de seios
Que rubra solidão em mim vossos enleios
Mornos, graves, fizeram, lânguidos, sonhar
Que, em mim, se enrijeceu na ânsia de vos dar
Minha maior humanidade?...
                    Desejei
Vos fecundar...
                    Não, não o doloroso e apenas
Gozo de conseguir, das vossas ancas, plenas
Frenético, a rápida sombra do distante
Ah, bem antes o sonho, o voto apaziguante
A sensação do vento da manhã, em ouro
Dançarino ideal, trazendo o pólen louro
Às flores ainda adormecidas nas estrelas...

(Qualquer coisa que vem da calma de sabê-las
Infecundas... — e só sentir fecundidade
No infecundo, e só viver dessa verdade...)

Como eu sou desigual! talvez que o meu desejo
Seja terrível... — pequena visão que eu vejo
Cresce acima de mim meu corpo animal.

Ó dor! só sinto o Bem como o supremo mal
Ó seres de paixão!...
                    — que mais cruel martírio

Essa espera sem fim, morrendo como um lírio
Pelo amor sem perdão das rosas impossíveis?...

No entanto, que música acordas, que invisíveis
Preces despertas, que cores descobres, claridade!
Sou bem alguém, alguma coisa, ou uma ansiedade
De seres e de coisas?

Ah, meu corpo teme as
Trevas da noite, mas ela deseja dessas fêmeas
A treva da consumação... Mas serei eu
Depois? Será minha a minha alma e meu
O meu corpo?
Jamais.
Minha vaidade é eterna.

PATÉTICO

Está ausente. Ausente como as vozes da minha infância
E muda — eu lhe dou adeus de todos os espaços
Grito o seu nome em todas as ruas — e os trens passam
[deixando a distância nas casas que dormem
Mas está muda e ausente — e os trens passam e eu grito o
[seu nome...

Ah, meu amor! por que a saudade está me chamando para
[a noite?
Sou eu, sou eu! aquele cuja alma se estende sobre a vida
Aquele cujo espírito é imenso e cujo coração é trágico
Eu, eu... E logo nada mais serei que memória e dolorosa
[lembrança...

Teus gestos e teus olhares de profunda inocência, onde estão?
Nada se move... — há uma luz, um leito e uma lua lá longe...
Talvez eu esteja prisioneiro de um destino atroz —
[socorre-me!
Talvez eu esteja sofrendo um instante atroz — liberta-me!

Quero a calma, a pureza, a serenidade do teu mundo
Quero as manhãs nascendo e as tardes se pondo docemente
Não quero o horror! as convulsões, os desânimos, as
[lágrimas, a cólera
Quero as tuas mãos — e não as encontro no ar, no mar, no
[luar, no caminhar...

Adormece e vem — eu sei que sou forte e belo para a vida
Sei que há um gênio inquieto na minha palavra que um dia
[será ouvida

Mas nesse momento quero apenas que seja tu a que sabe e
[a que recebe
Onde estás? — no país distante que fica ao poente ou no país
[presente que fica ao levante?...

Ausente — muda e ausente! crianças que sonham trazei-me
[o seu sono
Estrelas que dormem trazei-me o seu sonho. — Mas quem
[bateu na minha janela?...
— Foi o grito dos trens partindo da tristeza de uns para a
[alegria de outros
— Foi o grito do além pedindo o orvalho das madrugadas
[para a carne dos infelizes...

MADRIGAL

Nem os ruídos do mar, nem os do céu, nem as modulações
[frescas
Da campina; nem os ermos da noite sussurrando sossegos
[na sombra, nem os cantos votivos da morte,
[nem as palavras de amor lentas, perdidas; nem
[as vozes, os músicos nem o eco patético das
[lamentações; nenhum som, nada
É como o doce, inefável ruído que meu ouvido ouve
[quando se pousa em carícia, ó minha amiga,
[sobre a carne tenra da tua barriguinha.

BELEZA DO CORPO DA AMIGA

Amiga, teu corpo é como uma sombra quente
Onde eu me deito para mirar a água tranqüila dos teus olhos
Amiga, teus olhos são como uma água tranqüila
Que apenas se diluem quando eu colher em tua boca a flor
[úmida que passa
Trazendo em sua corola rubra o pistilo de sua língua em
[sangue.

A VÃ PERGUNTA

Esta jovem pensativa, de olhos cor de mel e de longas
[pestanas penumbrosas
Que está sentada junto àquele jovem triste de largos ombros
[e rosto magro
É ela a amada dele e é ele o amado dela e é a vida a sombra
[trágica dos seus gestos?
Este trem veloz cheio de homens indiferentes e mulheres
[cansadas e crianças dormindo
Que atravessa esta paisagem desolada de árvores esparsas em
[montes descarnados
É ele o movimento e é ela a fuga e são eles o destino fugitivo
[das coisas?
Que dizem os lábios murmurantes dele aos olhos
[desesperados dela?
Que pronunciam os lábios desesperados dela aos olhos
[lacrimejantes dele?
Que pedem os olhos lacrimejantes dele à paisagem fugindo?
Não são eles apenas uma só mocidade para o tempo e um
[só tempo para a eternidade?
Não são seus sonhos um só impulso para o amor e os seus
[suspiros um só anseio para a pureza?
Por que este transtorno de faces e esta consumição de
[olhares como para nunca mais?
Não é um casto beijo isso que bóia aos lábios dele como um
[excedimento da sua alma?
Não é uma carícia isso que freme nas mãos dela como um
[arroubo da sua inocência?
Por que os sinos plangendo do fundo das consolações
[como as vozes de aviso dos faróis perdidos?
É bem o amor essa insatisfação das esperanças?

ELEGIA DE PARIS

Maintenant j'ai trop vu. Neste momento
Eu gostaria de esquecer as prostitutas de Amsterdam
Em seus mostruários, e os modelos
De Dior, comendo *croque-monsieur* com gestos
Japoneses, na *terrasse* do Hotel-des-Théâtres. O que
Eu gostaria agora era de ver-te surgir no claustro do meu
[sonho
Como uma tarde finda. Ah,
Ânsia de rever-te! ou de rever
O brilho de uma abotoadura de ouro — lembras-te? — caída
[no ralo da pia do velho
St. Thomas d'Aquin... há quanto tempo?
Não sei mais! Entrementes
A morte fez-se extraordinariamente próxima e por vezes
Tão doce, tão... Tem uma face amiga —
É a tua face, amiga?

MEDO DE AMAR

O céu está parado, não conta nenhum segredo
A estrada está parada, não leva a nenhum lugar
A areia do tempo escorre de entre meus dedos
Ai que medo de amar!

O sol põe em relevo todas as coisas que não pensam
Entre elas e eu, que imenso abismo secular...
As pessoas passam, não ouvem os gritos do meu silêncio
Ai que medo de amar!

Uma mulher me olha, em seu olhar há tanto enlevo
Tanta promessa de amor, tanto carinho para dar
Eu me ponho a soluçar por dentro, meu rosto está seco
Ai que medo de amar!

Dão-me uma rosa, aspiro fundo em seu recesso
E parto a cantar canções, sou um patético jogral
Mas viver me dói tanto! e eu hesito, estremeço...
Ai que medo de amar!

E assim me encontro: entro em crepúsculo, entardeço
Sou como a última sombra se estendendo sobre o mar
Ah, amor, meu tormento!... como por ti padeço...
Ai que medo de amar!

Petrópolis, fevereiro de 1963

* * *

De noite para proclamar-se minha escrava
E antes mesmo de tê-la, tendo-a na boca presa
Era o jovem que fui, semeador de beleza
Que voltava do mar a dizer, triunfal
"Vi Nossa Senhora! Num banco de coral
Ela estava a chorar, tão linda, me chamando!"
Ou que, vindo do sol, afogueado, vermelho,
Punha-me nu e ria do meu corpo no espelho
E que, sentado à praia, entre meninas da Ilha
Afagando um quadril, consertando uma quilha
Sonhava essa mulher, plena, doce e carnal
Que em mim trouxesse o anjo à presa do animal
Essa mesma mulher que me surgiu agora.

Quando ela apareceu, risonha, inesperada
Para o encontro ideal, azul sobre a calçada
Solto o cabelo, terno o gesto, leve o passo
Não houve em meu olhar nem temor nem embaraço
Senti nessa mulher desconhecida alguma
Coisa que a iluminava e a despia da bruma
Como se na nudez em que a via surgisse
Todo o sonho de amor da minha meninice
Que importava quem fosse?... ao tocá-la sentia
A carne que amava e sobre a qual dormia
A alma fecunda e só, que, longa, me acordava.

Que mais farei na vida feita
Rico de tudo, nada tenho
Vivo fugindo
Sigo aceitando o que me vem
Mas tudo vem tão diferente.

AMOR

Vamos brincar, amor? vamos jogar peteca
Vamos atrapalhar os outros, amor, vamos sair correndo
Vamos subir no elevador, vamos sofrer calmamente e sem
[precipitação?
Vamos sofrer, amor? males da alma, perigos
Dores de má fama íntimas como as chagas de Cristo
Vamos, amor? vamos tomar porre de absinto
Vamos tomar porre de coisa bem esquisita, vamos
Fingir que hoje é domingo, vamos ver
O afogado na praia, vamos correr atrás do batalhão?
Vamos, amor, tomar thé na Cavé com madame de Sevignée
Vamos roubar laranja, falar nome, vamos inventar
Vamos criar beijo novo, carinho novo, vamos visitar N. S.
[do Parto?
Vamos, amor? vamos nos persuadir imensamente dos
[acontecimentos
Vamos fazer neném dormir, botar ele no urinol
Vamos, amor?
Porque excessivamente grave é a Vida.

A MIRAGEM

Não direi que a tua visão desapareceu dos meus olhos sem
[vida
Nem que a tua presença se diluiu na névoa que veio.
Busquei inutilmente acorrentar-te a um passado de dores
Inutilmente.
Vieste — tua sombra sem carne me acompanha
Como o tédio da última volúpia.
Vieste — e contigo um vago desejo de uma volta inútil
E contigo uma vaga saudade...
És qualquer coisa que ficará na minha vida sem termo
Como uma aflição para todas as minhas alegrias.
Tu és a agonia de todas as posses
És o frio de toda a nudez
E vã será toda a tentativa de me libertar da tua lembrança.

Mas quando cessar em mim todo o desejo de vida
E quando eu não for mais que o cansaço da minha caminhada
[pela areia
Eu sinto que me terás como me tinhas no passado —
Sinto que me virás oferecer a água mentirosa
Da miragem.
Talvez num ímpeto eu prefira colar a boca à areia estéril
Num desejo de aniquilamento.
Mas não. Embora sabendo que nunca alcançarei a tua imagem
Que estará suspensa e me prometerá água
Embora sabendo que tu és a que foge
Eu me arrastarei para os teus braços.

24/7/1933

* * *

Amor, escuta um segredo
Tua pele é lisa, lisa
Minha palma que a analisa
Não tem medo: fica nua.

Fica de tal modo nua
Que eu, ante tanto abandono
Transforme o desejo em sono
E não seja apenas teu.

NA ESPERANÇA DE TEUS OLHOS

Eu ouvi no meu silêncio o prenúncio de teus passos
Penetrando lentamente as solidões da minha espera
E tu eras, Coisa Linda, me chegando dos espaços
Como a vinda impressentida de uma nova primavera.
Vinhas cheia de alegria, coroada de guirlandas
Como sorrisos onde havia burburinhos de água clara
Cada gesto que fazias semeava uma esperança
E existiam mil estrelas nos olhares que me davas.
Ai de mim, eu pus-me a amar-te, pus-me a amar-te mais ainda
Porque a vida no meu peito se fizera num deserto
E tu apenas me sorrias, me sorrias, Coisa Linda
Como a fonte inacessível que de súbito está perto.
Pelas rútilas ameias do teu riso entreaberto
Fui subindo, fui subindo no desejo de teus olhos
E o que vi era tão lindo, tão alegre, tão desperto
Que do alburno do meu tronco despontaram folhas novas.
Eu te juro, Coisa Linda: vi nascer a madrugada
Entre os bordos delicados de tuas pálpebras meninas
E perdi-me em plena noite, luminosa e espiralada
Ao cair no negro vórtice letal de tuas retinas.
E é por isso que eu te peço: resta um pouco em minha vida
Que meus deuses estão mortos, minhas musas estão findas
E de ti eu só quisera fosses minha primavera
E só espero, Coisa Linda, dar-te muitas coisas lindas...

Rio, 1966

A VOCÊ, COM AMOR

O amor é o murmúrio da terra
quando as estrelas se apagam
e os ventos da aurora vagam
no nascimento do dia...
O ridente abandono,
a rútila alegria
dos lábios, da fonte
e da onda que arremete
do mar...

O amor é a memória
que o tempo não mata,
a canção bem-amada
feliz e absurda...

E a música inaudível...

O silêncio que treme
e parece ocupar
o coração que freme
quando a melodia
do canto de um pássaro
parece ficar...

O amor é Deus em plenitude
a infinita medida
das dádivas que vêm
com o sol e com a chuva
seja na montanha
seja na planura
a chuva que corre
e o tesouro armazenado
no fim do arco-íris.

* * *

Perdoai-me, meus amigos, a minha súbita vontade de
[chorar em vosso mágico convívio
Eu tenho vontade de chorar sobre a minha súbita inocência.
[Tenho também (eu vos confesso)
Vontade de chorar sobre a bandeja de asa de borboleta
Sobre os olhos do menino morto de avitaminose em Ouro
[Preto, Mariana
E o pudor de quando na hora do almoço reparei nos seus
[seios adolescentes.
É tarde hoje na noite. A ti, poeta
Meu irmão desde Jesus, tu que acordaste
Os ecos gerais da minha poesia; a ti
Que primeiro sentiste o amor absoluto, o mar absoluto, o
[luar absoluto, o despojamento total
Da minha inútil poesia; a ti
Que, desde sempre, foste o esperado, o inesperado, o
[desesperado amigo
Sem passado nem futuro; a ti que uma manhã
Bateste na porta do banheiro do Hotel Montaigne
[(Ex-des-Théâtres), 5, avenue Montaigne,
[Paris 8ème
E me disseste: C'est Jean-Georges Rueff (e eu não soube de
[quem se tratava
Porque a carta que me escreveste para Los Angeles
[pedindo-me permissão para traduzir minhas
[elegias datadas de quatro anos antes e eu,
[além disso, não tenho o hábito de lembrar de
[ninguém que não conheço, e estava muito
[apaixonado demais por minha mulher para
[poder lembrar de alguém que tivesse a
[coragem de bater na minha porta num
[banheiro em Paris)

* * *

Ela entrou como um pássaro no museu de memórias
E no mosaico em preto e branco pôs-se a brincar de dança.
Não soube se era um anjo, seus braços magros
Eram muito brancos para serem asas, mas voava.
Tinha cabelos inesquecíveis, assim como um nicho barroco
Onde repousasse uma face de santa de talha inacabada.
Seus olhos pesavam-lhe, mas não era modéstia
Era medo de ser amada; vinha de preto
A boca como uma marca do beijo na face pálida.
Reclinado; nem tive tempo de a achar bela, já a amava.

* * *

O corpo da amiga na sombra é um mistério de Deus
É teu corpo, amada? são teus seios, é tua clara clara risada
Na sombra? não fujas... és um... um nenúfar
Aberto à água mansa.

* * *

Noturnamente — se me lembro! como que a estranha carga
[se diluía de meus ombros ante as irradiações
[esplêndidas
E desembaraçado eu seguia através as cidades se abrindo ao
[sésamo misterioso do meu sangue batendo
E chegava mesmo a perseguir as belas éguas cuja pele
[branca avultava na claridade mágica
E fugiam balançando os peitos e o flanco rasgado onde a
[fecundidade eu via.

Mas quando chegava a satisfazer o ímpeto que me arrastava
[como um desesperado pelas ruas
E voltava vazio como se tivesse matado a alma nos
[estrangulamentos da carne rígida
Subitamente sentia de novo a carga me fazendo vergar o rosto
[para a terra
E o chicote me cortava as faces e o espírito esporeado
[galopava éguas na treva.

Pelos dias eu vou — e a minha sombra fareja o caminho —
[mas quando meu pensamento chega a minha
[alma já está
Um momento eu bebo o instante certo de que será para
[sempre — ó os campos onde estarei sozinho!
No entanto obrigam-me a andar — ai de mim, é demais!
[porque eu sei que aquele pio de ave é o grito
[dos sertões desaparecidos
E aquela pedra de forma estranha é a montanha escancarada
[e aquele torrão de terra é a sede nas fontes.

Às vezes um ruído me assalta e eu paro e escuto — um
[fraco farfalhar de folhas — tremo
Temo os dolorosos ecos das grotas, os luares e as águas que
[escorrem ocultas e eternas
Sei que entre os lírios das encostas há víboras que espreitam
[e sei que é frágil a margem dos precipícios
Mas o pior castigo é ter que seguir pelo solo seguro e
[infinito do meio das estradas
Porque há muito tempo eu sou a alimária de um anjo cuja
[missão eu desconheço
Um anjo de grande sombra informe que se confunde com
[a treva da minha caminhada
E cujo riso fúnebre me apavora quando a garra da luxúria
[me amargura os membros
E cuja ira me condena ao castigo de um arrependimento
[solitário e eterno.

* * *

Morro de sede! a minha ânsia
Não pode mais
Dêem-me água fria, dêem-me leite
Dêem-me morangos verdes, verdes
Dêem-me a boquinha de Yayá.

Meu corpo todo sente a falta.

Sinto sede, quero me embebedar de cerveja gelada
Quero que chova, eu sentado num bar galego... e as raparigas
Estou cáustico, meus pulmões estertoram, [....] meu estômago
Se contrai como um corvo, ardendo do verde absinto.
Ah, quero a plenitude fria, mulheres gordas de nádegas
[abaixo, de seios.
Preciso dos banhos de bica, das sensatas intermináveis
[dores do coração.
Dêem-me cigarros fortes, salada de batata e um pouco de gelo
[para eu chupar.
Sinto sede! quero dormir na língua de Maria Anderson
[ouvindo cantos.
Quero acampamentos.

* * *

E depois tem a questão de ter paciência
Não se deixar levar, estar preparado e ao mesmo tempo certo
De que ainda é possível... E depois
Tem a questão de resolver, de não parecer que, e ao mesmo
[tempo de ter que...
E depois tem a questão do não-obstante, do prurido, da
[válvula
Tem a questão do conhecimento, do ementário
Sem falar na questão importantíssima do...
E depois tem a questão do é-preciso, do meu-caro, do pois-é
Dos canais competentes, dos compartimentos estanques, dos
[memorandos
E depois tem a questão talvez precária do encontro
E do desencontro, do entendido e do mal-entendido, do
[lucro
E do desdouro; e depois tem a questão
Da finura, da delicadeza e da firme delicadeza e das duas
[delicadezas.

* * *

Eu venho te trazer esta mulher — é louca!... tem olhar de
[céu mas o céu é morto nos seus olhos
Toma, é tua! — é bela, eu a vi nua... seus seios são fortes
[e ingênuos mas não são seios... — sua face
É límpida como a face da Lua mas não é uma face — é bela
[mas não é a beleza... Eu a encontrei vagando
Na rua e ela dizia: Quem eu sou? onde estou? para onde vou?
[milhares e milhares de vezes...
Eu venho te trazer esta criança porque sei que és bom, que
[não a recusas — ai de mim, eu estou no fim
[das forças
Em vão a banhei, a perfumei, a alimentei, a deflorei e a
[repousei sobre a mais tépida das camas
E mostrei-lhe livros de história — talvez a infância... — e uma
[nódoa de sangue de uma velha pústula —
[talvez a juventude...
Quem eu sou? onde estou? para onde vou? — nada! apenas
[os gestos, longos gestos finitos de quem semeia
Tu talvez que és indolente, que nada fazes senão poemas que
[não te sustentam a família
E que não são o suor do teu corpo...
"São o suor da minha alma!"

* * *

Gostaria de dar-te, namorada
Nos teus vinte e cinco anos de beleza
Tudo o que há de melhor na natureza
Entre o que anda, voa, corre e nada.

Gostaria de dar-te de presente
A madrugada em que nasci, e o instante
Em que senti presente.
Tanto mais minha quanto mais ausente.

* * *

Deram-me fogo ao gesto terno
Com que a matei de simpatia
Ao descrever-lhe o santo inferno
Do seu riso no dia.

Diria como eu me disse: — Vai
Ao velho adro ao pé do monte
E com tuas meigas mãos de pai
Faz jorrar essa fonte.

— Não! — ouvi eu a voz de um monge
Clamando viva em meu deserto.
Olha que a fonte fica longe
E o teu desejo perto.

E ao sol das doze em Ouro Preto
A minha jovem normalista
De pele branca e trança preta
Sumiu da minha vista.

Oxford, 1938

* * *

Algumas vezes tem acontecido que estando a amiga
De repente calma, e eu em sua companhia
Por causa de um céu azul, ou de um azul de nostalgia
Ela me prende e me beija e me acarinha, e eu perdido por
[aquela
Suavidade, sinto-me criança e peço-lhe para assistir ao
[banho dela.

E algumas vezes tem acontecido que ela acede, a face quieta
De se sentir amada além da poesia pelo poeta
E me leva pela mão vagamente emocionada, me leva
Lá onde eu sou, vagamente emocionado, e a vejo se despir
[na treva.

Desde então tudo passa a ser submersão
E risos breves, borbulhos tépidos da água que a enxágua.

* * *

Amiga minha, hoje no céu a Lua
Tem uma face que me lembra a tua
A Lua é sempre assim, ou é teu rosto
Que dorme no céu posto, amiga minha?

Ah, desce do teu nicho, rosto puro
E vem iluminar meu leito escuro.

Astro solitário, ó Sol
Ilumina meu poema da tua claridade matinal
Transfunde-lhe nas veias o éter com o azul
E torna-o simples.

MORTE

* * *

Quem, quem depois
Abrirá as portas sobre o imensurável?
Quem compreenderá a aurora
Em seu mais íntimo e elementar silêncio?
Quem descerá as pontes levadiças
Do Sol sobre as cidades possuídas
Pela morte?

PENSÉE DE DESESPOIR

Pousa docemente a cabeça
Sobre a brancura do teu leito
Pensa-te imóvel e perfeito
Antes que a grande noite desça

Diz-te que a morte será breve
Sem música e sem poesia
E quando venha, após, o dia
Deixa que a vida assim te leve.

DA FIDELIDADE

Há alguma coisa maior que nós mesmos que é a fidelidade
[a nós mesmos
Flor espantosa que vive das águas cáusticas e das terras
[apodrecidas da prodigiosa extensão humana.
É a sua santidade que eu quero fazer nascer destas palavras
[de ritmo obscuro
E neste momento mesmo é talvez a sua inocência que eu
[violento com os meus dedos mártires que a
[desejariam sangrando.
Ela nasce desse instante supremo em que o homem que viu
[a verdade sente que a sua simplicidade trágica
[nada poderá contra ele
Ele que é como o país que vê a guerra no pássaro de
[arribação que se pousou da grande viagem
[sobre o seu pavilhão estendido.
Não existe talvez nada mais belo que a miséria que habita
[essa alma que nós mostramos como um
[pavilhão estendido ao pássaro peregrino
E talvez nada mais horrível que essa guerra que se vê nascer
[subitamente das entranhas da nossa miséria
A fidelidade é como o amor da miséria pelo eterno viajante
[sereno
É como um homem que à força de contemplar um rio é por
[sua vez contemplado por ele.
Se é que há um lugar de Deus em cada criatura nada será
[fidelidade senão a fidelidade à falta de Deus
[neste lugar
Aos sentimentos e nunca à verdade porque a verdade é o
[símbolo do absoluto e o absoluto é a morte
[do homem.

Ai de mim! talvez eu devesse morrer porque eu digo as
[palavras da fé com gestos de inteligência.
Fidelidade, lírio, anjo, mar de pureza!

11/1/1935

* * *

A morte em mim. Alguém (o medo) desce
Uma rua noturna, e de repente
Vê, soturna, no céu, a Lua, e sente
O horror da Lua, e súbito enlouquece.

A morte em cada ser. E alguém (a mágoa)
Que por insone chega-se à janela
Possui a mesma Lua dentro dela
Que em sua carne se transforma em água.

A Poesia em tudo.

E a doçura de não ser mais. Ficará
Sentado, na vertente, junto ao rio
Vendo umas nuvens brancas, vendo o rio.

* * *

A noite gargalha... os grilos
Trilam, trepidando as águas
As águas correm nos trilos
Em preces cheias de mágoas

Na solidão desse pranto
Cheio de pressentimento
Meu tédio morre de espanto
Para ouvir cantar o vento

E o vento desce profundo
Misterioso, gelado
O vento vem de outro mundo
Como uma voz do passado

Quem morreu?

PARTE, E TU VERÁS

Parte, e tu verás
Como as coisas que eram, não são mais
E o amor dos que te esperam
Parece ter ficado para trás
E tudo o que te deram
Se desfaz.

Parte, e tu verás
Como se quedam mudos os que ficam
Como se petrificam
Os adeuses que ficaram a te acenar no cais
E como momentos que passaram apenas
Perecem tempos imemoriais.

Parte, e tu verás
Como o que era real, resta impreciso
Como é preciso ir por onde vais
Com razão, sem razão, como é preciso
Que andes por onde estás.

Parte, e tu verás
Como insensivelmente esquecerás
Como a matéria de que é feito o tempo
Se esgarça, se dilui, se liquefaz
E qualquer novo sentimento
Te compraz

Repara como um novo sofrimento
Te dá paz

Repara como vem o esquecimento
E como o justificas
E como mentes insensivelmente
Porque és, porque estás

Ah, eterno limite do presente
Ah, corpo, cárcere, onde faz
O amor que parte e sente
Saudade, e tenta, mas
Para viver, subitamente, mente
Que já não sabe mais
Vida, o presente; morte, o ausente —
Parte, e tu verás...

1961

* * *

De madrugada, na alta serra
Desencanta-se o Príncipe da Terra
De madrugada, na alta serra
Ouve-se a voz que aterra
O canto pressago, frio como um sorriso
Do Príncipe da Terra

Disse-me o vento
O vento uivante, o vento uivante
Na minha insônia em sangue
De madrugada, na alta serra
Desencanta-se o Príncipe da Terra
E as mulheres, geladas
Abandonam as casas, criam asas
Para ir ouvir o Príncipe da Terra
Cujo canto é frio como um sorriso.

Possui-as o Príncipe da Terra
Na alta serra
O grande invertido, o mágico, o louco
O amante sem sexo
Cuja cabeleira é de platina
E que tem pupilas brancas

Ah, quem me dirá — oh, desvario
Da minha poesia no fundo do espelho da bruma
Que o vento uivante, o vento uivante
Não seja a voz do Príncipe da Terra
Cantando o amor e a morte
Na alta serra?

Eu sou o Príncipe da Terra
O inutilmente desaventurado
Eu sou o Príncipe Indiferente
O deus do crime, o bem-amado
Eu sou o Príncipe Altair
Sexo fui, castrado
Plantado, tornado árvore, raiz
Garra de ódio no ventre da morte
Hoje sou o Príncipe Eunuco
De vos conseguir indesejados
Vossa boca para os meus lábios mecânicos
Vossos dedos para os meus seios de pedra
Vosso ventre para a minha espada de aço
O fazedoras de espasmos
Eu sou o Príncipe da Terra
O súcubo Altair
Cerzi a traição inconsciente
Alucinai!
De vós nascerá a dor invisível
Que deita lama no coração
Eu sou o Príncipe Impotente
O Cão hermafrodita
Meu beijo é veneno em vossos dentes
Mordei!
Percorrei mundos, transportai a morfina nas horas
Plantai espelhos súbitos de morte nas almas.

* * *

Extremamente circunspecta
Jazia a perna. Digo-vos que extremamente circunspecta e
[pálida
Jazia a perna. Digo-vos que extremamente circunspecta,
[pálida e ambígua
Jazia a perna. Digo-vos que extremamente circunspecta,
[pálida, ambígua e superveniente
Jazia a perna. Uma perna jazia extremamente
Entre aparatos. Calçada de sapatos e de meias. Só não trazia
Ligas, nem a parte superior, a que saindo do joelho
Aprofunda-se como coluna até onde o ser se duplica

....

Pois uma perna é uma estrutura interna
De músculos sangrentos e ossos brancos
Os quais, rompida a pele, saltam bruscos
Como as molas partidas de uma cama
Entrando em coma, mas privadamente
Sem consciência, talvez, mas com malícia
A ejacular o plasma em ondas furtivas
E com a vinda específica da morte
Da perna, debatendo-se e eriçando-se
À maneira de fios retorcidos
Arrancados à força a um aparato.

* * *

De sobre ti levanto o meu cadáver.
Vejo teus seios que fogem, teu rosto que se cobre de sombras
O ventre maldito nos acorrenta ainda.
Sinto que penetras um mar desconhecido
Que te diluis lentamente, as pupilas abertas no flanco das
[águas
Que aprofundas regiões onde eu nunca poderei chegar
O mistério cobre-te da presença da morte
És tu mesma e não eu — eu sou o corpo que bóia.

De sobre ti, mulher, levanto o meu cadáver.

* * *

Meu coração se perde de carinho
Por ti, ó pássaro oculto na noite!
Tua voz pressaga é também uma elegia
Sem mistério; a morte de todas as coisas.

Vive no teu soluço de amor, mas o teu canto
É na realidade consolo e contentamento.

As palavras que antes escutei
Eram apenas música e traziam esquecimento
Tu me levas à poesia, ave pousada na treva.

DEUS

Canta! Canta porque cantar é a missão do poeta
E dança porque dançar é o destino da pureza
Para os cemitérios e os lares faz o teu gesto obsceno
Carne morta na carne viva, basta! falo eu que sou um.

* * *

Ele é o mundo extremo de beleza e de todas as idéias
[passadas e futuras
É a sabedoria de todas as coisas na sua essência de música
[e de poesia
É a vida em desencantamento de todas as imagens do
[tempo na carne
Ele diz à mata tumefacta: Eu sou tu mesmo, larva do amor
[infinito
E se morrer é para que eu viva a tua morte e a minha vida!
E com mãos de piedade tece teias gigantescas sobre os
[cosmos debruçados
Onde tombam palpitantes corações cheios de sofrimento e
[de angústia.

Ele possui — possui como nunca possuiu o espírito no
[sangue dos homens
Sabe — sabe como nunca soube a alma no seio da tragédia
E perdura — como nunca perdurou a morte no fundo do
[ser inocente
Ele diz à noite: Tu existes, mas que seria de ti se eu não te
[visse
Que realidade és senão a claridade dos meus olhos que tudo
[criam?
E a noite que não o vê desce os mais escuros véus sobre o
[cadáver dos rios
Com negras lágrimas ardentes de impotência e miséria.

Quando o peregrino encontra na noite negra a branca
[imagem do seu êxtase
Misteriosamente à sua volta a natureza se putrefaz

Seus olhos que penetravam mornos os cânticos estelares de
[Aldebarã
Vêem descer em fios de luz planetas como aranhas rígidas
Que pousam sobre a epiderme corrompida das matas e das
[águas
E na vida que começa em origem e entendimento no seu
[íntimo
A paisagem se refaz livre da morte dolorosa.

E sobre cada extensão de folhas e de frutos
Os sonhos fogem como crisálidas translúcidas para os
[espaços frios da alma
E se respondem em ecos de lembrança e de intuições serenas
E como a águia, o peregrino-deus devora as entranhas da terra
E com ela alimenta as iluminações de um céu não mais
[inexistente
E com ela fecunda as fruições de uma seiva decomposta em
[lava
Que se arrasta para as escarpas mortuárias de cruéis abismos
[vividos.

POEMA FEITO PARA CHEGAR AOS OUVIDOS DE SANTA TERESA

Não quero ir pro inferno
Santa Teresinha
Quero é ir pro céu
Que é boa terrinha
Mas se eu for pro céu
Você me procura?
Você me namora,
Santa Teresinha?
Você me namora, hein, santa Teresinha?

31/1/1939

HISTÓRIA DE ALMA

Meia-noite. Frio. Frio em tudo
E mais frio que em tudo, frio na Alma
A Noite grande e aberta... a Alma grande e aberta...
Infinitamente frias...

No alto a noite má seguia a Alma que vagava
Enregelada e nua entre todas as almas
Seguia a Alma presa
Presa por todos os lados
A Alma caminhava e a noite caminhava com ela
A Alma fugia e a noite perseguia a Alma
E a Alma parava. Então a noite também parava
E mandava um frio mais frio do que a Alma

E a Alma já fria tornava a caminhar
E a noite vinha e perseguia a Alma
E a Alma parava... e a Alma parava...
E chorando ajoelhada pedia perdão...

POEMA DE ANO-NOVO

É preciso que nos encontremos diante do amor como as
[árvores fêmeas cuja raiz é a mesma e se perde
[na terra profana
É preciso... a tristeza está no fundo de todos os sentimentos
[como a lágrima no fundo de todos os olhos
Sejamos graves e prodigiosos, ó minha amada, e sejamos
[também irmãos e amigos.

É preciso que levemos diante de nós o retrato das nossas
[almas como se fôssemos a um tempo a
[Verônica e o Crucificado
Eu sou o eterno homem e hoje que a dor fecunda o tempo
[eu sinto mais que nunca a vontade de fechar
[os braços sobre a minha miséria.
Fiquemos como duas crianças pensativas sentadas numa
[escada — todos serao os peregrinos e apenas
[nós os contemplados.

TRANSFIGURAÇÃO DA MONTANHA

E uma vez Ele subiu com os apóstolos numa montanha alta
E lá se transfigurou diante deles.
Uma auréola de luz rodeava-lhe a cabeça
Ele tinha nos olhos o paroxismo das coisas doces
Sua túnica tinha a altura da neve
E nos seus braços abertos havia um grande abraço a toda a
[humanidade
A natureza parou estática
Só os pássaros cantavam melodias
Melodias doces como os olhos Dele
E veio uma nuvem grande e cobriu os apóstolos
E se ouviu uma voz:
"Este é meu filho bem-amado, em quem tenho posto todas
[as minhas complacências; escutai-o!"
E os apóstolos escutaram a grande voz da nuvem, e se
[prostraram
E quando eles ergueram os olhos não havia mais nuvem
A natureza já não estava mais parada
Tudo continuava
Como os olhos Dele continuavam doces
E Ele lhes disse:
"Não faleis desta visão até que o filho do homem ressuscite
[dos mortos"
E lançando os olhos em torno Ele viu a terra embaixo
Viu a terra do alto da montanha
E viu a outra montanha do outro lado da terra
Era uma pedra imensa
Dominava tudo
De baixo, a terra olhava para a montanha

Admirada!
Ela tinha sido precipitada para cima
Pelas grandes forças da natureza
Na sua base, onde a floresta escorre em seiva
Onde pelos grandes troncos descem óleos vermelhos
E onde as folhas berram um cheiro enorme de mato bravo,
Os pássaros viviam na felicidade profunda de seus cantos
Grandes cobras dormiam nos desenhos de sol
E as borboletas eram fecundadas em pleno vôo. Às vezes [vinha o vento
Entrava na selva
E levava até em cima um cheiro enorme de mato bravo.
A montanha tinha em si toda a natureza
Tinha um rio que dormia nos desenhos de sol
E que de repente acordava e pulava nas cascatas.
Ele viu tudo
Viu a montanha e viu a floresta
Viu principalmente a floresta
E amou muito a montanha
A montanha que possuía toda a natureza
Menos Ele
Seus divinos lábios entreabriram-se num sorriso
E ele falou para Deus:
"Dia virá em que hei de ter aquela pedra por trono
e lá de novo eu me transfigurarei!"

Depois tudo mudou
O mundo girou sempre, andou sempre
O mundo judeu errante.
Não parava na catástrofe
As guerras se sucediam
Os flagelos se sucediam
Andavam, sempre para a frente, sempre para a frente
Flagelos judeus errantes
O grande sentimento era o ódio
Ódio de tudo
Ódio grande
De corações pequenos

Os homens só tratavam de si
As mulheres tratavam de todos
Não mais a beleza da vida
Não mais o amor.
O tigre desperta e mata tudo
Mata os pequeninos que choram de medo
Mata as mães que têm os olhos despertos nas grandes noites
[da vida
E os pais que têm a fronte enrugada pelas preocupações.
Mata tudo.
Quer matar até Deus
Porque sabe que Ele vê todas as coisas
Vê os pequeninos que morrem
Vê os pais e as mães que morrem
E porque tem medo da Sua justiça.
Nas grandes sociedades havia muitas festas
Havia muitas festas e muitos vícios
Os homens bebiam para esquecer o dia de amanhã
E bebiam no dia de amanhã para esquecer o dia que passou
As mulheres bebiam para imitar os homens
E fumavam também
Não mais a arte
Não mais a poesia
A arte está na alma dos homens que bebem
A poesia canta a arte dessas almas bêbadas
Que é da poesia profunda da natureza?
Que é da arte da natureza?
Morreu.
Morreu com a alma do homem.
A alma do homem é como o amor morto
Onde todas as coisas bóiam à superfície
Ai! O tempo em que a alma do homem era o oceano
O grande oceano que guarda pérolas e possui vegetações
[esquisitas
E onde a luz bóia à superfície!
Mas o mundo mudou.
Ele foi esquecido
A transfiguração foi esquecida

Os homens só se lembraram Dele
Ou para ofendê-lo enquanto viviam
Ou para temê-lo covardemente na hora da morte.

Mas uns houve que não perderam o sentido da vida
Que guardaram na alma a grande simplicidade das coisas boas
Uns, que perdoavam
Uns, que socorriam e sorriam para a morte gloriosa
Eles tinham dentro da roupa preta que os vestia
A alma branca dos que são os bem-aventurados de Deus
Eles eram poucos
Foram aumentando
Pregaram aos outros o sentido da vida que eles possuíam
O mundo não escutava
Tinha a surdez profunda da inteligência
A vontade perseverante contudo fez efeito
E um dia, alto, formidável
A bela cabeça nas nuvens
E os pés na rocha bruta
Ele surgiu num esplendor de divindade
Transfigurado
Os braços abertos como num abraço
E os olhos suaves olhando a terra embaixo
Apareceu
Branco e enorme
Sobre a rocha escura e enorme
A rocha e Ele
Se unificaram na mesma beleza
O grupo formidável
Vivia a impressão
Da grande cena bíblica
A pedra que guardava a floresta
E o grande gigante meigo
Era como a cena bíblica
Da fundação da Igreja
A pedra enorme
Era a própria força espiritual de são Pedro
Posta na matéria

A base
A pedra da Igreja
E em cima, Ele, Senhor de todas as coisas
Belo e agigantado
Olhando as coisas embaixo
Com o olhar bom do que foi Homem
Com o amor do que [...] o único Deus.
Senhor!
Tu estás lá
E tu estás em todos os lugares
E ouço a tua voz na música do mundo
E sinto a tua mão na plástica das coisas
Tu és o ponto de partida
Tu és o caminho
E és o fim do caminho
És o cardo que fere os pés
E a grama macia que os repousa
E a grande tempestade de vento
E o ar parado que sereniza.
És o pranto dos olhos
E o riso da boca
És o sofrimento do mundo
Numa promessa de eterna felicidade
És Deus
Deus que vê todas as coisas e a todas dá remédio
E que é o único perdão:
Amém.

6

Este é o mágico do desespero, o inquisidor e o sedutor, o
[poeta triste
Que te proclama o rei, entre todos, amante sem mácula.

7

Meu são Francisco de Assis! acolhe teu amigo e teu criado
Que partiu para sempre e se perdeu, e nunca mais foi
[encontrado.

8

Tenho um mistério a te dizer, mas quem sabe não o ouvirias
Vendo-me criança — se é que eu fui criança um dia!

9

Ó dá-me teu sorriso, são Francisco, e me purifica
E liberta-me da vã palavra de sonho que me impurifica!

10

Eis que converti meu demônio a mim e meu anjo a mim
E me sinto demais em mim mesmo e quisera me despedaçar
[em ti.

11

Porque me sinto covarde de não poder dormir e precisar
[fechar a porta
Ao vento frio ou ao chamado sombrio da pureza morta.

12

És tu um dom da minha miséria e serias o mesmo
Se eu fosse como tu mesmo? — e te proclamaria?

13

E [...] porque amo a miséria em mim que me deposita em ti
Porque não fosse eu sombra não serias sol nem pensarias em
[mim.

14

E [...] porque aceito minha depravação e faço a minha
[queixa sem piedade
E de todos tenho piedade menos de mim — e não há
[salvação para a minha piedade.

15

Sou digno como o animal nobre que morre em silêncio e
[sem lágrimas
E não tem limbo ou purgatório, céu ou inferno para a sua
[alma.

16

Mas sou impuro como a terra que recebe a consumação da
[carne
E astuto como o fogo e plástico como a água.

17

Meu são Francisco, ouve o meu voto e compreende o meu
[vazio
E me aquece do frio, e me protege do sonho sombrio.

18

Tu és a Palavra — a palavra inexistente — a poesia
Que eu busco sem tréguas, que busco de noite e que busco
[de dia.

19

Não creio em Deus mas creio em ti — Deus é minha
[melancolia
Tu és minha poesia — ou quando não seja o amor que ela
[se deseja.

20

Tenho o lar e tenho o mar, e nada tenho
Tenho a emoção — tenho-a? — nem pranto mais blues.

21

Na verdade muitas coisas eu tenho, e muita razão de ser feliz
Se não existisses talvez — mas exististe, são Francisco de
[Assis!

22

És a infância não vivida, és a mocidade não merecida
És tudo de justo feito injusto pela catástrofe da vida.

23

Ninguém o sabe senão tu — nem mesmo eu sei! nesse
[momento
Meu pensamento é tédio mas amanhã pode ser
[contentamento.

24

Porque há em mim uma fonte pura de mal que me embriaga
De bem, mas que subitamente me estanca o que me falta.

25

É a mulher, essa que me suporta e que me acaricia
E a quem acaricio, e a quem eu rio e que se ri.

26

Não fosse ela, e eu estaria como Job te mentindo,
Porque o poeta é a semente da mentira se, no desespero, só.

27

Dou-te meu voto além da mulher! é a criança que te fala
Quando subitamente se conheceu menino no grande
[silêncio de uma sala.

28

Quando brincando com o próprio sexo o surpreendeu
[sensível
E o viu inteligente e emocionado e não compreendeu.

29

E que criou sozinho a primeira forma nua para o prazer
[contemplativo
E que se deu a ela desvairado do mistério de se saber vivo.

30

E que a transportou na memória em amor e que foi traído
Pelo toque de outra mão menos pura e mais desmerecida.

31

E que foi seviciado antes do sêmen pela desventura
Feito mulher, e a perdoou, e a amou, e a fez sua criatura.

32

E que foi iniciado nos prazeres da carne como o inocente
[aprendiz
A quem a mulher diz — Faz! e ele faz, tal como eu fiz.

33

Antes do sêmen! e não morri — e bela fiz minha criatura
Eis por que não há salvação e eu amo a minha degradação
[e impostura.

34

Porque eu sou o sedutor, se seduzido, e o erótico, se
[seviciado
E o amante, se querido, e o perdido, se privilegiado.

35

Porque fazemos um — eu e a mulher — e não há dois
[arrependimentos
Para um só corpo — nem duas salvações para um só
[sentimento.

36

E se alguém não vem comigo eu não quero ir, porque não
[sou sozinho
E se eu fosse sozinho não estava nesse momento clamando
[de ti.

37

Meu são Francisco de Assis! ouve tu ao menos a minha
[inefável miséria
Sem perdão e sem consolação e sem fim nos caminhos da
[Terra.

38

Ouve o apelo mais íntimo, o que não está nas minhas palavras
E que está no meu ser infeliz e no ser infeliz que eu crio à
[minha passagem.

39

O santo, o herói e o poeta — três penitências do mundo
Tu, santo, herói e poeta — uma penitência em mim.

40

Nunca te verei no céu, nem nunca me verás no inferno
Mas hei de te escutar no estio, e tu me escutarás no inverno.

41

Não me verás no céu porque não há paixão para a serenidade
Nem no inferno porque não há castigo para a fatalidade.

42

Mas eu te escutarei aqui na Terra, entre as grandes árvores
A cabeça no seio da amiga, e a quem eu falo como ao pássaro.

43

Um dia deixarei a cidade da minha angústia e sua torre
E irei a Assis entre colinas me abandonar à tua saudade.

44

E dá-me nesse dia de chorar todas as lágrimas contidas
E de me perder em mim o pranto e de me ajoelhar no teu
[sepulcro.

45

Ó grande santo louco, meu irmão, taumaturgo em minha
[alma
Taumaturgo — palavra que contém silêncio e que me acalma!

46

Just now I have been in a [...] party in the Magdalen's cloister
And there was an Armenian [...] all the others.

47

Good inocent people [...] some liquor in their rooms
But was a bloody phantom between them, so help me God!

48

Eu sou o conhecimento perfeito das coisas e dos homens
Linchai-me! eu sei todos os segredos, e eu me abandono.

49

Nunca criatura criada foi tão pagã como eu, so help me God!
Arrastando meu ser à execração e à contemplação quieta da
[morte.

50

Em vão te direi — ou não? — porque não vens beber meu
[vinho
Na minha mesa, e poderíamos falar com mais carinho.

51

São Francisco de Assis! meu irmão, meu único inimigo
No céu, eu te maldigo, eu te bendigo. Eu me persigno!

52

Tive uma jetatura: a mulher; uma aventura: a poesia
Uma desventura: a delicadeza. Sou delicado, não peço,
[mendigo!

53

Mendigo: mendigo o pão de meus pais, o amor de meus
[amigos
Mas só a mulher me persegue e só à mulher eu persigo.

54

Santo! tenho gana de te dizer: foge de mim! evita o meu
[contato escuro
Porque eu sou puro na maldade e puro na sinceridade e
[impuro.

55

Quatro livros escrevi — e sou tão moço! e nada
[compreendo de mim
Senão que sou cruel com a mulher, e que minha angústia não
[tem fim.

56

Fui buscado, também. Buscou-me a sociedade, o anfitrião
E eu fui mendigo em meu salão e me desprezei e disse não.

57

E me mandaram a Oxford, e eu disse não, e vi jovens
[viscondes
Que temeram meu pudor, e eu disse não, e me persigno!

58

Tudo é magia! Lembras-te? o silêncio fantástico das noites
E a alma bêbada de emoção? e nenhum pouso.

59

Ah, que a vida não tem solução. Muitos o disseram em vão
E o direi em vão, e morrerei, e os que me virem, sorrirão.

* * *

Antes que a angústia desça é preciso partir
Não importa para onde, não importa para longe de quem
Ó como o mesmo céu sufoca e a mesma ventura mata!

Abandonar o corpo gasto de sol e a alma gasta de sono
Raspar os velhos sapatos na branca soleira da casa do tédio
E surgir como um animal morno de silencioso passo.

Nada a conhecer... Sim, são verdes as montanhas
E quanta vaga expiação deixam os livros no pensamento
E acima de tudo existe Deus serenamente inacessível.

Mas viver, ah, viver é doloroso, é incompreensível
Não se sabe quando!... não se sabe nunca... e quando sabe-se
É para receber o golpe mortal da tragédia no mais fundo.

* * *

Bem pobre sou, ó homem de Deus, herói, mártir, santo
Sou o eterno pensamento de David sobre o leito púrpura de
[Urias.

Sou um escravo! tenho o lar e tenho o mar — e nada tenho!
Tenho a poesia... tenho-a? ai de mim! nem lágrimas, talvez.

Meu são Francisco da face crispada! acolhe o teu servo
[humano
Acolhe o que não te compreende e que vai escrevendo a sua
[mágoa!

Tu! os joelhos esmagando as cidades, as mãos sobre himalaias
[o rosto mergulhado na névoa infinita
E nos teus pés a miséria, no teu coração a tempestade, na tua
[face a contemplação.

SONETOS

* * *

Que hei de fazer de mim, neste quarto sozinho
Apavorado, lancinado, corrompido
A solidão ardendo em meu corpo despido
E em volta apenas trevas e a imagem do carinho!

Defendido, a me encher como um rio contido
E eu só, e eu sempre só! ó miséria, ó pudor!
Vem, deita comigo, branco e rápido amor
Risca de estrelas cruéis meu céu perdido!

Lança uma virgem, se lança, sobre este quarto
Fá-la que monte no teu sórdido inimigo
E que o asfixie sob o seu púbis farto

Mas que prazer é o teu, pobre alma vazia
Que a um tempo ordenhas lágrimas contigo
E outras enxugas, fiéis lágrimas de agonia!

* * *

Nessa sala perdida na Inglaterra
Vivo entre coisas mortas, vivo e mudo
Poeta louco e triste, eu te saúdo
No teu quarto de século na terra

Não te valha essa máscara de estudo
Nem te sirva essa máscara de guerra
Valha-te essa tristeza que te aterra
E essa loucura que em tua alma é tudo

Mova-te o sangue que em teu ser lateja
Leve-te o estro lúcido e distante
Que consomes nos copos de cerveja

Leve-te a vida ao bem da tua amante
E a morte, que do túmulo te beija
Viva-te como um momento deste instante.

Oxford, 19/10/1938

SONETO A QUATRO MÃOS

com Paulo Mendes Campos

Tudo de amor que existe em mim foi dado.
Tudo que fala em mim de amor foi dito.
Do nada em mim o amor fez o infinito
Que por muito tornou-me escravizado.

Tão pródigo de amor fiquei coitado
Tão fácil para amar fiquei proscrito.
Cada voto que fiz ergueu-se em grito
Contra o meu próprio dar demasiado.

Tenho dado de amor mais que coubesse
Nesse meu pobre coração humano
Desse eterno amor meu antes não desse.

Pois se por tanto dar me fiz engano
Melhor fora que desse e recebesse
Para viver da vida o amor sem dano.

12/8/1945

SONETO DA DESESPERANÇA

De não poder viver sua esperança
Transformou-a em estátua e deu-lhe um nicho
Secreto, onde ao sabor do seu capricho
Fugisse a vê-la como uma criança.

Tão cauteloso fez-se em seus cuidados
De não mostrá-la ao mundo, que a queria
Que por zelo demais, ficaram um dia
Irremediavelmente separados.

Mas eram tais os seus ciúmes dela
Tão grande a dor de não poder vivê-la,
Que em desespero, resolveu-se: — Mato-a!

E foi assim que triste como um bicho
Uma noite subiu até o nicho
E abriu o coração diante da estátua.

SONETO DE CRIAÇÃO

Deus te fez numa fôrma pequenina
De uma argila bem doce e bem morena
Deu-te uns olhos minúsculos de china
Que parecem ter sempre um olhar de pena.

Banhou-te o corpo numa fonte fina
Entre os rubores de uma aurora amena
E por criar-te assim, leve e pequena
Soprou-te uma alma cálida e divina.

Tão formosa te fez, tão soberana
Que dar-te aos anjos por irmã queria
Mas ao plasmar-te a carne predileta

Deus, comovido, te criara humana
E para tua justa moradia
Atirou-te nos braços do poeta.

Rio, 28/3/1938

SONETO DA ILHA

Eu deitava na praia, a cabeça na areia
Abria as pernas aos alísios e ao luar
Tonto de maresia; e a mão da maré cheia
Vinha coçar meus pés com seus dedos de mar.

Longos êxtases tinha; amava a Deus em ânsia
E a uma nudez qualquer ávida de abandono
Enquanto ao longe a clarineta da distância
Era também um mar que me molhava o sono.

E adormecia assim, sonhando, vendo e ouvindo
Pulos de peixes, gritos frouxos, vozes rindo
E a lua virginal arder no plexo

Estelar, e o marulho das ondas sucessivas
Da monção, até que alguma entre as mais vivas
Mansa, viesse desaguar pelo meu sexo.

Quarta-Feira de Cinzas, Niterói, 1941

SONETO DE UM CASAMENTO

Na sala de luz lívida, sorriam
Sombras imóveis; e outras lacrimosas
Perseguiam lembranças dolorosas
Na exaltação das flores que morriam.

Em vácuos de perfume, descaíam
Diáfanos, de diáfanas mãos piedosas
Fátuos sons de brilhantes que fremiam
Entre a crepitação lenta das rosas.

Nas taças cheias acendiam círios
Votivos, e entre as taças e entre os lírios
Vozes veladas, nessa mesa posta

Velavam... enquanto plácida e perdida
Irreal e longínqua como a vida
Toda de branco perpassava a Morta.

2/5/1938

SONETO DO AMIGO

Enfim, depois de tanto erro passado
Tantas retaliações, tanto perigo
Eis que ressurge noutro o velho amigo
Nunca perdido, sempre reencontrado.

É bom sentá-lo novamente ao lado
Com olhos que contêm o olhar antigo
Sempre comigo um pouco atribulado
E como sempre singular comigo.

Um bicho igual a mim, simples e humano
Sabendo se mover e comover
E a disfarçar com o meu próprio engano.

O amigo: um ser que a vida não explica
Que só se vai ao ver outro nascer
E o espelho de minha alma multiplica...

Los Angeles, 7/12/1946

SONETO DO AMOR DEMAIS

Não, já não amo mais os passarinhos
A quem, triste, contei tanto segredo
Nem amo as flores despertadas cedo
Pelo vento orvalhado dos caminhos.

Não amo mais as sombras do arvoredo
Em seu suave entardecer de ninhos
Nem amo receber outros carinhos
E até de amar a vida tenho medo.

Tenho medo de amar o que de cada
Coisa que der resulte empobrecida
A paixão do que se der à coisa amada

E que não sofra por desmerecida
Aquela que me deu tudo na vida
E que de mim só quer amor — mais nada.

SONETO DO BREVE MOMENTO

Plumas de ninhos em teus seios; urnas
De rubras flores em teu ventre; flores
Por todo corpo teu, terso das dores
De primaveras loucas e noturnas.

Pântanos vegetais em tuas pernas
A fremir de serpentes e de sáurios
Itinerantes pelos multivários
Rios de águas estáticas e eternas.

Feras bramindo nas estepes frias
De tuas brancas nádegas vazias
Como um deserto transmudado em neve.

E em meio a essa inumana fauna e flora
Eu, nu e só, a ouvir o Homem que chora
A vida e a morte no momento breve.

Belo Horizonte, 31/3/1952

SONETO SENTIMENTAL À CIDADE DE SÃO PAULO

Ó cidade tão lírica e tão fria!
Mercenária, que importa — basta! — importa
Que à noite, quando te repousas morta
Lenta e cruel te envolve uma agonia

Não te amo à luz plácida do dia
Amo-te quando a neblina te transporta
Nesse momento, amante, abres-me a porta
E eu te possuo nua e fugidia.

Sinto como a tua íris fosforeja
Entre um poema, um riso e uma cerveja
E que mal há se o lar onde se espera

Traz saudade de alguma Baviera
Se a poesia é tua, e em cada mesa
Há um pecador morrendo de beleza?

SONETO A OXFORD

Ó Oxford, prende o sol em tuas pontas
Góticas; dormem divinas harmonias
Em tuas torres puras e sombrias
E em teus jardins de grandes flores tontas.

O eterno farfalhar de Christ Church Meadows
E as mesmas águas trêmulas dos Ices
Enchem meu coração da antiga fé
Dos bardos que ilustraram tuas classes.

Rebanhos de ontem e sempre; hoje meninos
De capa preta, que o pastor dos sinos
Tange dos sinos que me estão chamando

Aos claustros de presságio e da penumbra
Sobre os quais, pela noite, se vislumbra
O fantasma de Magdalen, perscrutando...

SONETO COM PÁSSARO E AVIÃO

De "O grande desastre do six-motor francês *Leonel de Marmier*, tal como foi visto e vivido pelo poeta Vinicius de Moraes, passageiro a bordo"

Uma coisa é um pássaro que voa
Outra um avião. Assim, quem o prefere
Não sabe às vezes como o espaço fere
Aquele. Um vi morrer, voando à toa

Um dia em Christ Church Meadows, numa antiga
Tarde, reminiscente de Wordsworth...
E tudo o que ficou daquela morte
Foi um baque de plumas, e a cantiga

Interrompida a meio: espasmo? espanto?
Não sei. Tomei-o leve em minha mão
Tão pequeno, tão cálido, tão lasso

Em minha mão... Não tinha o peito de amianto.
Não voaria mais, como o avião
Nos longos túneis de cristal do espaço...

* * *

Quando me ergui ela dormia, nua
E sorria, em seu sono desmaiada
Tinha a face longínqua e iluminada
E alto, seu sexo sugava a Lua.

Toquei-a, ela fremiu, gemeu, na sua
Doce fala, e bateu a mão alçada
No ar, e foi deixá-la de guardada
Sob a nádega fria, forte e crua

Tão louca a minha amiga, linda e louca
Minha amiga, em seu branco devaneio
De mim, eu de amor pouco e vida pouca

Mas que tinha deixado sem receio
Um segredo de carne em sua boca
E uma gota de leite no seu seio.

Oxford, 1/11/1938

* * *

Meus caros, volta-se porque se tem saudade
Porque se foi feliz intimamente
Volta-se porque se tocou num inocente
E porque se encontrou tranqüilidade

A despeito da vida que acorrente
Volta-se, volta-se para a sinceridade
Volta-se sempre, tarde ou de repente
Na alegria ou na infelicidade.

E nada como esse apelo da lembrança
Para se transfigurar numa esperança
Essa desolação que uma alma leve

Assim é que, partindo, eu vou levando
Toda a desolação de um até-quando
Num ardente desejo de até-breve.

VARIAÇÃO SOBRE UM SONETO DE SHAKESPEARE

És como um dia cálido de estio...
Azul? Não, és mais linda e mais amena
O verão como tudo traz o frio
E o verão é inconstante, e tu serena.

Tu não trazes o frio, nem a pena
Da luz foste — tu vives, como um rio
Que cantasse uma mesma cantilena
Num sempre novo manso desvario.

Não morre o estio em ti — e no teu rosto
Ele deixou as cores da manhã
E as tristezas suaves do sol-posto.

Sem as marcas cruéis da noite vã.
E a morte que em ser também se deita
Em tua alma descansa satisfeita.

HIMENEU

Na cama, onde a aurora deixa
Seu mais suave palor
Dorme ninando uma gueixa
A dona do meu amor.

De pijama aberto, flui
Um seio redondo e escuro
Que como, lasso, possui
O segredo de ser puro.

E de uma colcha, uma coxa
Morena, na sombra frouxa
Irrompe, em repouso morno

Enquanto eu, desperto, a vê-la
Mesmo sendo o homem dela
Me morro de dor-de-corno.

NATUREZA HUMANA

Cheguei. Sinto de novo a natureza
Longe do pandemônio da cidade
Aqui tudo tem mais felicidade
Tudo é cheio de santa singeleza

Vagueio pela múrmura leveza
Que deslumbra de verde e claridade
Mas nada. Resta vívida a saudade
Da cidade em bulício e febre acesa

Ante a perspectiva da partida
Sinto que me arranca algo da vida
Mas quero ir. E ponho-me a pensar

Que a vida é esta incerteza que em mim mora
A vontade tremenda de ir-me embora
E a tremenda vontade de ficar.

POEMAS DEDICADOS

JOSÉ

Se coubessem mil coisas num só dia
E se ele não fosse um só, mas fosse mil
Pelo *Faux monnaieurs*!!! Não haveria
Quem fizesse mais coisas no Brasil

Um romance, um besigue, um pensamento
Um cigarro, um cachorro, uma piada
Outro besigue, Gide, namorada
Resultado final: — padecimento!

O mundo muda e ele vai seguindo
Abafando os concursos que vêm vindo
Trabalhar! Trabalhar nunca foi bom...

Antes ir os cinemas percorrendo
Namorando, sofrendo, andando e lendo
Colocado entre Deus e entre Mammon.

SONETO NA MORTE DE JOSÉ ARTHUR DA FROTA MOREIRA

Cantamos ao nascer o mesmo canto
De alegria, de súplica e de horror
E a mulher nos surgiu no mesmo encanto
Na mesma dúvida e na mesma dor.

Criamos toda a sedução, e tanto
Que de nós seduzido, o sedutor
Morreu nas mesmas lágrimas de amor
Ao milagre maior do amor em pranto.

Fui um pouco teu cão e teu mendigo
E tu, como eu, mendigo de outro pão
Sempre guardaste o pão do teu amigo

Meu misterioso irmão, sigo contigo
Há tanto, tanto tempo, mão na mão...
Ouve como chora o coração.

MÁRIO

Entre meditabundo e solonento
Sobre a fofa delícia da almofada
Ele vai perseguindo na jornada
Através o *Ottocento* e o *Novecento*

Não o tires dali que dá pancada
Todo o resto pra ele é sofrimento
Vai colhendo da flor do pensamento
Toda a filosofia desejada

Só abandona voluntário o élan
Para o banho de poço da manhã
"Mens sana..." disse François Leblon

E às vezes, Carnaval, cai na folia
E passeia porrado pela orgia
Sob o signo pagão do deus Mammon.

SONETO DE LUZ E TREVA

Para a minha Gesse, e para que ilumine sempre a minha noite

Ela tem uma graça de pantera
No andar bem-comportado de menina.
No molejo em que vem sempre se espera
Que de repente ela lhe salte em cima.

Mas súbito renega a bela e a fera
Prende o cabelo, vai para a cozinha
E de um ovo estrelado na panela
Ela com clara e gema faz o dia.

Ela é de capricórnio, eu sou de libra
Eu sou o Oxalá velho, ela é Inhansã
A mim me enerva o ardor com que ela vibra

E que a motiva desde de manhã.
— Como é que pode, digo-me com espanto
A luz e a treva se quererem tanto...

Itapuã, 8/12/1971

OCTAVIO

Torce a boca, olha as coisas abstrato
Percorre da varanda os quatro cantos
E tirando do corpo um carrapato
Imagina o romance mil e tantos...

Logo após olha o mundo e o vê morrendo
Sob a opressão tirânica do mal
E como um passarinho, vai correndo...
Escrever um tratado social

É amigo de um "braço" na poesia
E de um outro que é só filosofia
E de um terceiro, romancista: veja

Quanto livro a escrever ainda teria
O ditador Octavio de Faria
Sob o signo cristão da nova Igreja...

EM MONTEVIDÉU

De los aires límpidos
Sin prisa y sin miedo
Hoy vinieron verme
Mis queridos muertos.
En mi sala oscura
Con la radio abierta
Llegaron casuales
Como si en un cocktail
Haciendome adioses
Com manos ausentes
Por entre los rayos
De la luna verde.

D. Maria da Conceição
de Mello Moraes.

Vi minha avozinha
Entrar fragilmente
Com os cabelos brancos
E os punhos de renda.
E vir e tocar-me
Com dedos frementes
Mais frios que os raios
Do quarto crescente.

Meu pai, Clodoaldo
Pereira da Silva de
Mello Moraes.

Vi chegar meu pai
Esfregando as mãos

Geladas, por certo,
E logo, sem ver-me
Tomar providências
Desastradas, umas
Na forma de sempre.

Solene, ao seu lado
Nos seus novent'anos
Vi, sempre aprumado
Meu avô baiano
Vestido de alpaca
E cheirando a sândalo
Elegante paca
Um velhinho e tanto!

Augusto, o pescador
da ilha.

Quase tomo um susto
Quando, de repente
Deparo com Augusto
Pela minha frente.
Debaixo do braço
Sempre o clarinete.

O "Coronel"
Antônio Burlamaqui
dos Santos Cruz.

Meu avô Santos Cruz
Entrou ofegante
Arrastando o corpo
Doente e possante.

D. Celestina Wâmosi
de Macedo Cruz.

Ao seu lado, linda
Com seu ar cigano

Minha avó Cestinha
Um tanto distante.

Juju Veiga, que me
fazia línguas-de-gato.

Numa *chaise-longue*
Gravemente tísica
Tomando uma xícara
De ovomaltine
Dei com Juju Veiga
Morena e franzina
E a coisa mais meiga
Da rua Bambina.

Calípso Azambuja,
de quem se contava
[....]

Alegre, servindo-se
De uma sobremesa
A prima Calípso
De quem não me lembro
Deu-me um adeusinho
Num rápido aceno
Abrindo um sorriso
De rara beleza.

Plínio, o tio a devir
que, noivo e feliz,
dando com o revólver,
suicidou-se.

Plínio veio vindo
Do escuro infinito
Com o sorriso triste
Dos que se suicidam
Olhou-me um instante

De um calmo olhar fixo
E foi se sumindo
No céu de Pocitos.

E entra Vladimir
Ilitch Lenine
Um velho cachecol
Sobre a pelerine
E vai e se senta
O ar meditativo
E fica pensando
Por horas perdidas.

Carole Lombard.

Bela e luminosa
E o rosto hialino
Vejo Carole Lombard
A artista de cine
Com manchas de sangue
No corpo divino
E um longo Abdoula
Na piteira em riste.

Súbito, pulando
Numa perna só
Eu vejo chegando
O poeta Rimbaud
De braço com ele
Bêbado e consorte
O poeta Verlaine
Já meio de porre.

E eis que, sem mais
Vejo Jayme Ovalle
Fazendo sinais
Para que me cale
E apontando acima

Com o dedo esticado
Coberto da cinza
Do próprio cigarro.

E num bate-papo
Dos mais amigáveis
Dou com Mário e Oswald
De Andrade — palavra!
Como se estivessem
Na melhor das pazes
Falando elogios.

A um canto, parado
Mexendo no rádio
Num trinque danado
Quem vejo? Zé Cláudio
Calça de flanela
Paletó esporte
E um ar de que estava
Contente da morte.

Perto, Portinari
Ultranatural
Fazendo safári
Com Lasar Segall
Enquanto Pancetti
Junto a Santa Rosa
Comia um croquete
Tirando uma prosa.

Com Graciliano
E Zé Lins do Rego
Vi Osório Borba
Já um pouco bêbado
Sóbrio, o velho Graça
Puxando fumaça
Zé Lins só no uísque
Borba, na cachaça.

P(B)A(O)I

A Carlos Drummond de Andrade,
que com seu só título Boitempo me
deu a chave deste poema

Pai
Modorrando de tarde na cadeira
De balanço, a cabeça cai-não-cai.
Pai
Espantando o moscardo
Feito o boi faz com o rabo
Zum! iridesceu, se foi, múu.
Pai. Ah, como dói
Lembrar-te assim, pai pé-de-boi
Sentado à mesa mastigando sonhos
Boipai, entre as samambaias e avencas
Do pequeno jardim, utilinútil, ai...
Paiboi, paiboiota, boipapai
Babando amor no curral das acácias
Quebrando ferrolhos com a força
Dos cascos fendidos para não entrar mais boi
No chão de dentro, igual a mim...
Ah, como dói lembrar-te, boi
Triste, boiassim, a córnea branca
No olho trágico, ruminando o medo
Pelo novilho tresmalhado.
Pai. Boi.
Olhando do portão o chão de fora
Na noite escura, múu, à espera. Onde estou eu
Teu vitelão insone, onde?
Nas tetas de que rês? Em que pasto?
Que não o teu, e da boieira
Que também já se foi? Boipai
Paiboi.

Muge-me, boi-espaço
Da tua eternidade as cantigas
Mais lindas que soavas com teus dedos
Ungulados nas cordas da viola
Hoje partida. Geme
Boi-da-guia, tua nunca boesia
Dá-me, boi-de-corte
Um quilo de tua alcatra decomposta
Tua língua comida
Um carrinho de mão de tua bosta
Com que fertilizar minha poesia
Neste instante transposta.
Para plantar meu novo verso
Menos eu, mais canção, menos enxerto
Não posso prescindir da tua morte
Teus ossos, teu estrume
Tu bom pai, tu boipai, tu boiconsorte
Eu boiciúme.

Rio, junho de 1969

TATIOGRAFIA

Em Tati tem Taiti
Ilha do amor e do adeus
Tem avatá, Havaí!
Taubaté, Aloha He...
Tem medicina com mascate
Pão de açúcar com café
Tem Chimborazo, Kantchatca
Tabor, Popocatepete
Tem montes sem ser rochosos
Tem milhões de Pireneus
Tem doces lagos da Escócia
Tem aconcáguas incríveis
Junto de Dedos de Deus
Tem Malaias tem malárias
Amazonas sem mistérios
Tem Saaras sem Simoun
Com tabus e Timbuctus
Tem iogas, tem nirvanas
Tem tigres, tem tuaregues
Tem vagas Constantinoplas
Tem Bombains sem madrastas
Tem juras, tem jetaturas
Danúbios sem ser azuis
Tem Jordões, tem Solimões
Içás, Tapajós, Purus
Tem Valências Catalunhas
E até calvários sem cruz
Tem Tejos, tem Beira Douros
Trás as Cintras, Trás-os-Montes
Tem rios, tem pororocas

Quedas-d'águas, brancas fontes
Tem colinas, tem bacias
Muitos belos horizontes.
Tem Norte Sul Leste Oeste
Zona quente e zona fria
Tem tudo que tem no mundo
Na minha Tatiografia.

REDONDILHAS PRA TATI

Sem ti vivo triste e só
(Bastasse o que já sofri...)
Sem ti sou ermo, sou pó
Sou tristeza por aí...
Sem ti... ah, dizer-te a ti!
Mas se me cerra o gogó
Como se tivesse aqui
Um naco de pão-de-ló!
Sem ti sou pena de Job
Sou ovo de juriti
Sem ti sou carandaí
Tamandaré, Mossoró
Sem ti sou um qüiproquó
Um oh, um charivari
Sem ti, sou de fazer dó
Sou de fazer dó-ré-mi
Meu benzinho de totó
Meu amor de tatuí.

Mas sou forte não reclamo
Sou bravo como Peri
— Não, mulher, já não te amo!
(É brincadeira, hem, Tati...)
Tati, Tatuca, Tatica
Onde ficou minha tática
Perdi toda a velha prática...
Esta vida é uma titica.
Ah, garota, francamente
Nem sei mais o que pensar
És tu que estás tão presente

Ou eu que fui me casar?
Não posso, Tati, te juro
Não posso viver sem ti
Tu és meu cantinho escuro
Meu verso por descobrir
És meu eterno oxalá
Em terra de alibibi
És meu trecho de Zola
Repassado por Delly
És Totonha, Tatiana
Tereza, e nunca Tati
És extrato de lavanda
Rotulado por Coty
Beatriz?... mas quem és tu
Para Dante abandonar?
Sereis um merci bocu
De praga de pai Exu
Para cima de moá?

Não! Tu és como o penedo
E eu... como a onda do mar
És a sombra do arvoredo
E eu... pastor a descansar
Sou o ouvido, és o segredo
És a luta, eu sou a paz
És Beatriz Azevedo
E eu Vinicius de Moraes.

* * *

Santa Maria tem terras
Como outras iguais não há
Tem pastagens, tem florestas
Onde canta o sabiá

Deus permita que, voltando
Muito mais tempo eu lá fique
"Gozando" a couve mineira
E o Ford do Vanderlique

Que lugar, Santa Maria!
Que fazendeiros seus donos!
Que fome, meu Deus, de dia!
De noite, Deus meu, que sono!

Tão pertinho de Resende
(Onde impera o falatório...)
A fazenda é como um céu
Ao lado de um purgatório

E como em todos os céus
Que têm a sua rainha
Lá reina, cheia de graça
Nossa Senhora... Francinha

Como é bom, de tarde, ver-se
Junto de seu Robiches
O Carlos pintar o sete
Murmurando o seu dê-dê!

Como é gostoso de andar-se
Por trás das "casuarinas"
Entre o correr dos meninos
E a falação das meninas!

Ó terra de mil primores
Cheia de doce beleza
Muito melhor que os Sabóia
Sem igual na redondeza

Nossas vacas têm mais leite
Nossos paióis têm mais milho
Nossos currais, mais fartura
E nossas éguas mais filho.

Deus não permita que eu morra
Sem que possa lá voltar
Para ver todos os dias
O Miguel tratando o Zar

Para assistir bem de longe
As belas éguas de pólo
Que me deram um belo susto
E deram com o Zé no solo

Dia virá, com certeza
Que me verá por aqui
Saudando tanta beleza
Com o grande gesto do Guy

Brincando com Gilda e Bumba
Junto com a Zuleica e o Zé
Fazendo meus mexericos
No terreiro de café

Tocando minha viola
Para a Lili e a Bebê
Bebendo a cerveja preta
Que me dá, seu Rabiches

Passando o dia na flauta
Andando de cá para lá
Correndo pelas campinas
Atrás de maracujá

....

RETRATO DE MARIA LÚCIA (II)

Talvez de uma campina
Onde a tarde rupestre
Incendiasse o sílex
Do caminho agreste

Na antiga Palestina
Ou ao longo do Nilo
Princesa ou campesina
Silenciosa e presta

Cruzando quem sabe
Jesus itinerante
....

De longe, de longe
Do fundo dos tempos
Tu vens para mim.

A SANTA DE SABARÁ

À gravadora chilena Graciela Fuenzalida
que trocou o mundo por Sabará

A um grito da Ponte Velha
Existe a "Pensão das Gordas"
(Cantou-as Mário de Andrade!)
Em Sabará. Na alpendrada
Sobre o rio que escorrega
A pensão mira a cidade
Ladeira acima. Na Páscoa
As quaresmeiras da serra
São manchas roxas de mágoa
E de manhã bem cedinho
A névoa pousa na terra
Como uma anágua de linho.
A cidade se espreguiça
Nas cores do casario
Que vive a pular carniça
Nas rampas de beira-rio.
E é doce vê-la sorrindo
Aos anjos do Aleijadinho
Que na portada do Carmo
Com bochechas inchadas
Assopram, de tanto frio.
Há paz na velha cidade
Uma paz de fazer longe...
A não ser na identidade
De certa dona chilena
Uma de rosto de monja
Corpo seco, tez serena
E que, na "Pensão das Gordas"
Onde há seis anos assiste
Desde o momento em que acorda

Vive, e nem sabe que existe
Entalhando na madeira
As horas mais dolorosas
Da Paixão de Jesus Cristo.
Atende por Graciela
Mas não atende a ninguém
Que não tenha como ela
A grande paixão do bem.
Sempre fechada em seu quarto
Mesmo à feição de uma freira
As suas dores do parto
Doem na carne de madeira
Onde ela entalha o fervor
De tudo o que há de mais casto
O rebanho e o bom pastor
O burrinho no seu pasto.
E às vezes, na nostalgia
Quem sabe, do mundo fora
Grava com luzes de aurora
Com milagres da poesia.

O viajante que passa
Itinerante por lá
Não se espante se, na aurora
Ou à luz crepuscular
Vir o vulto iluminado
De um belo arcanjo pousado
Guardando a casa onde mora
A santa de Sabará.

O MAL DE NAVA

Meu Deus, que tédio
Que me devora
Não sei se fique
Se vá me embora
Morrer? Se morro
Quem me dá vida?
Chorar? Se choro
Quem me consola?

Sinto fantasmas
No seu silêncio
Me sopram cinzas
No coração
Cinzas? quem dera.

O MAESTRO VILLA-LOBOS FIXA-SE NA ETERNIDADE

Na verdade, Mestre, não morreste.
A morte apenas abriu para o teu vulto
O seu nicho de treva, de modo a que melhor pudesses
Brilhar em tua glória. Não precisavas
Da morte para nada.

EXUMAÇÃO DE MÁRIO DE ANDRADE

no 17º ano da sua morte e no 40º do seu nascimento na Semana de Arte Moderna

Minha casa de Saint Andrews Place.
Duas da manhã. Abro uma gaveta
Com um gesto sem finalidade
E dou com o retrato do poeta
Me olhando, Mário de Andrade.

Seus olhos nem por um segundo
Piscam. O poeta me encara
E eu vejo pela sua cara
Que o poeta quer ser exumado
Daquela gaveta, desde muito.

Tiro-o de lá. Com mão amiga
Limpo a poeira que lhe embaça
O rosto e suja-lhe a camisa
E o poeta como que acha graça.

Busco um lugar onde instalá-lo
Na minha pequena sala fria
Essa sala tão sem poesia
Onde me encontro todo dia
E onde me sento e onde me calo.

Mas não acho. Ponho-o à minha frente
Sobre a mesa, sentindo a vertigem
Da sensação da forma virgem
Que assume de súbito o ambiente.

No papel branco palpitante
Das moléculas da poesia

A minha mão psicografa
O antigo nome de Maria.

E na sala transverberada
Pelo mistério da presença
Vai se corporificando imensa
A humana forma macerada.

Não tenho medo; mas meus pêlos
Se eriçam, na barba e no braço
Sinto pesar o puro espaço
Às mãos do poeta em meus cabelos.

Depois o toque cessa. Deixo
O poeta a gosto, para que ande
Por ali tudo, esmiuçando.
Depois ouço o som do piano
E olho: só vejo a vasta fronte
Os óculos e o queixo grande
Do poeta, se desincorporando.

E fico só: só como um vivo
Cheio de angústia e de saudade
E corro à porta, e olhando aflito
O silêncio, murmuro empós o bom amigo:
— Volte sempre, Mário de Andrade...

Los Angeles, outubro de 1946
Petrópolis, fevereiro de 1962

* * *

No momento que a morte me viu
E a cidade enorme calou um segundo para assistir ao último
[transe da minha agonia
Alguém me deu a mão na rua
E eu me voltando vi meu amigo Rainer Maria Rilke que
[polidamente me sorria
Que parecia muito triste comigo
E que antes de partir me deixou entre os dedos alguma coisa.

Não tem medo de tremor.
E tem o Raul Solnado
Que eu acho um senhor ator
Quem tem atores assim
Não tem medo de tremor.

— Lisboa tem terremoto
Geme o mote, ao expirar
— Faz figa! Faz figa, Otto!
Terremoto? Sai, azar!

* * *

Amigo Di Cavalcanti
A hora é grave e
inconstante.
Tudo aquilo que prezamos
O povo, a arte, a cultura
Vemos sendo desfigurado
Pelos homens do passado
Que por terror ao futuro
Optaram pela tortura.
Poeta Di Cavalcanti
Nossas coisas bem-amadas
Neste mesmo exato instante
Estão sendo desfiguradas.
Hay que luchar, Cavalcanti
Como diria Neruda.
Por isso, pinta, pintor
Pinta, pinta, pinta, pinta
Pinta o ódio e pinta o amor
Com o sangue de tua tinta
Pinta as mulheres de cor
Na sua desgraça distinta
Pinta o fruto e pinta a flor
Pinta tudo que não minta
Pinta o riso e pinta a dor
Pinta sem abstracionismo
Pinta a Vida, pintador
No teu mágico realismo!

Carioca Di Cavalcanti:
Na rua do Riachuelo

Nasceste, a 6 de setembro
Do ano noventa e sete.
Infante, foste criado
No bairro de São Cristóvão
Na chácara do avô materno
Emiliano Rosa de Senna
(Nome de avô de pintor!)
Orgulhoso proprietário
Do antigo morro do Pinto
(Quem sabe não vem de herança
O teu amor às mulatas?)
Logo os bairros se renovam:
Botafogo, Glória (hotel)
Copacabana e Catete
(O Catete de onde nunca
Deverias ter saído
E ao qual agora voltaste
Humilde e reconhecido).
Moraste no hotel Central
E no hotel dos Estrangeiros:
Ambos desaparecidos
E onde à tarde, entre os amigos
Tomavas, e com que gosto
O melhor uísque do mundo!
Paquetá, *um céu profundo*
Que não sabe onde acabar
Viu-te muito passear
Ó genial vagabundo!
— Quantas vezes foste à Europa
Dize-me, grão-vagamundo?

No ano de trinta e oito
Em Paris te descobri
Rimos e bebemos muito
Nos bares de por ali
Lembras-te, Di? Consue-
Lo de Saint-Exupéry
Saía sempre conosco

A que vai nunca é como a que vem. Ah, não é ela
Número apenas, nem traz a fisionomia
Pregada ao rosto como uma máscara. A ela
Salve, e salve lindo! Por ela tudo: poemas, alaúzas,
[ombro-armas
Mortes, ressurreições.

....

ÍNDICE REMISSIVO

As aspas (" ") indicam
o primeiro verso de cada poema,
enquanto os *grifos* indicam os títulos
e os VERSALETES indicam as partes do livro

1ª EDIÇÃO [1993] 4 reimpressões
2ª EDIÇÃO [2003] 1 reimpressão

ESTA OBRA FOI COMPOSTA PELA HELVÉTICA EDITORIAL
EM GARAMOND LIGHT E IMPRESSA PELA GEOGRÁFICA EM OFSETE
SOBRE PAPEL PÓLEN SOFT DA SUZANO BAHIA SUL PAPEL E CELULOSE
PARA A EDITORA SCHWARCZ EM FEVEREIRO DE 2005